JA PÉREZ

IGLESIA
POSTPANDEMIA

MODELOS RELEVANTES DE EVANGELISMO
Y MISIONES EN UNA ERA DE
TECNOLOGÍA Y MOVILIDAD

Iglesia Postpandemia

Modelos relevantes de evangelismo y misiones en una era de tecnología y movilidad

Nota de derechos

Nota sobre riesgos

La información contenida en este libro es distribuida "como está" y sin garantías. Ni el autor ni *Tisbita Publishing House* se hacen responsables en cuanto a daños causados por interpretaciones individuales privadas del contenido aquí expuesto.

Marcas Registradas

Iglesia Postpandemia: Modelos relevantes de evangelismo y misiones en una era de tecnología y movilidad es un título propiedad de JA Pérez, publicado y distribuido por *Tisbita Publishing House*. Todas las otras marcas mencionadas son propiedad de sus respectivos dueños.

Excepto donde se indique, todos los textos bíblicos han sido extraídos de la versión Reina-Valera 1960. © 1960 Sociedades Bíblicas en América Latina; © renovado 1988 Sociedades Bíblicas Unidas. Reina-Valera 1960™ es una marca registrada de la American Bible Society.

Nota de uso de mayúsculas y minúsculas

Cuando escribo la palabra Iglesia con "I" mayúscula, por lo regular me estoy refiriendo al cuerpo de Cristo, la Iglesia universal que es formada por el número de todos los escogidos. Cuando uso la palabra iglesia con "i" minúscula, por lo regular me estoy refiriendo a la iglesia local. La congregación formada por un número de creyentes que se reúne en una ciudad, aldea, pueblo u otro medio congregacional incluyendo los modelos de que hablo más adelante en este libro.

Tisbita Publishing House

Puede encontrarnos en la red en: www.tisbita.com
Reportar errores de imprenta a errata@tisbita.com
Contactar al autor en: www.japerez.com

TISBITA

ISBN: 978-1947193314

Printed in the U.S.A.

Contenido

...sobre esta roca edificaré mi iglesia; y las puertas del Hades no prevalecerán contra ella.

—Jesús

Introducción

Nada será igual.

Si usted cree que después de esta pandemia regresaremos a nuestros templos a continuar practicando iglesia de la manera que lo hacíamos antes, le anúncio que ha estado ignorando una de las transformaciones más grandes que se haya experimentado en la historia de la Iglesia.

En el correr de los siglos ha habido momentos en los cuales experimentamos grandes cambios de dirección en la manera en que la vida de la Iglesia ha existido.

Por ejemplo.

Cuando el templo de Jerusalén fue destruido[1] en el año 70 d.C., los seguidores de Cristo que estaban en Jerusalén y que todavía practicaban ir a orar al templo y todavía guardaban ciertas ceremonias judías, se vieron obligados a adaptarse a los cambios.

Hasta entonces, los creyentes se reunían en las casas y asistían al templo. Al desaparecer el templo, y verse entonces bajo una persecución sin precedentes, la manera de practicar "iglesia" cambió.

Las reuniones en casa se convirtió en la nueva

normalidad, reuniones subterráneas, donde los creyentes tenían que comunicarse por medio de contraseñas para acordar dónde sería la próxima reunión.

En los años que siguieron —con el cristianismo ya extendido hasta Roma— el ver a muchos de sus hermanos en la fe, ser llevados al circo romano, echados a los leones, algunos convertidos en gladiadores[2], otros sirviendo de antorchas públicas, hizo que la iglesia se esparciera de una forma orgánica.

Era «*la iglesia en todo lugar*». Lejos de los creyentes reunirse en un templo, bajo ciertas protecciones y libertades, éstos se vieron obligados a «*ser la iglesia*» en cuevas, en casas, y aún dentros de los portales de gobierno.

La fe se extendía. Nada podía parar a estos creyentes. Mientras más creyentes eran martirizados, la Iglesia crecía más.

Algo parecido ha sucedido en la China comunista en años recientes. Bajo la persecución y opresión de parte del gobierno, los cristianos de la iglesia subterránea[3], han expandido un cristianismo orgánico, dinámico, saludable y con gran pasión. Sin la necesidad de templos, pantallas, música coreografiada, o todos los adornos que necesitamos acá en el mundo occidental para mantener viva con alfileres a una iglesia frágil, superficial y de poca fe.

Sí. La Iglesia del Señor ha sufrido transformaciones en medio de los tiempos.

Cuando Constantino declaró a la Iglesia, religión oficial del estado, ésta entró en una etapa de poder político y a la vez corrupción.

Regresó el culto muerto ceremonial.

El verdadero remanente —aquellos que no se sometieron— fueron perseguidos por la religión organizada durante siglos.

La verdadera Iglesia se adaptó, se expandió y creció bajo la persecución de siglos.

Luego vino la gran reforma, y la Iglesia sufrió otra transformación.

Cuando estudiamos la historia de la Iglesia, hay una cosa que es permanente durante siglos. Esta cosa permanente es "cambio".

Sí. El cambio ha sido constante.

Ahora, estamos en medio de una gran transformación. La era de tecnología y movilidad nos ha alcanzado.

Algunos nos habíamos ya dado cuenta. Nos estábamos preparando.

En el año 1994 el Señor trató con nosotros en cuanto a los avances tecnológicos que vendrían y en el 1999 (cuando mi esposa y yo regresamos a Estados Unidos después de casi 10 años en el campo misionero), inmediatamente comenzamos a integrar tecnología en la labor del ministerio.

Era la era de Netscape[4]. El correo electrónico comenzaba a tener auge. No existían redes sociales ni teléfonos inteligentes, pero la transformación ya había comenzado.

Hace tres años aproximadamente, el Señor empezó a tratar conmigo en cuanto a integrar todo el material de entrenamiento de líderes que hemos usado durante años en Latinoamérica a un formato de curriculum fijo y completo. Formamos la Escuela de Liderazgo Internacional™ y en el año 2018 lanzamos la plataforma de escuela virtual. Sentíamos la urgencia de digitalizar todo.

No sabíamos que vendría una pandemia, la cual aceleraría el uso de la tecnología. Pero cuando la pandemia llegó, acá estábamos listos.

Hemos visto en pocos meses, con las nuevas reglas de distanciamiento social, como los pastores al verse obligados a cerrar sus templos, han tenido que hacer uso de la tecnología.

Algunos, desesperadamente, sin haberlo hecho antes, se han lanzado a las redes sociales, hablando en vivo a sus congregaciones, al menos por facebook.

De pronto nos dimos cuenta que necesitamos la

tecnología que antes muchos criticaban y atacaban.

Ya no se le puede poner culpabilidad a las ovejas porque no asistieron un día al templo. De hecho, la ovejas se han dado cuenta que pueden seguir siendo cristianos aún sin templo. La iglesia ha comenzado otra vez a ser orgánica. Las ovejas se han dado cuenta que el cuerpo de Cristo es mucho más grande que las cuatro familias que cada Domingo se reunían en un mismo lugar.

Comienza a haber una conexión con creyentes que son muy similares aunque están al otro lado del hemisferio.

Ya las cosas no serán igual.

A varios meses que llevamos de pandemia (en el momento en que estoy escribiendo esto), todavía hay muchos pastores que piensan que esto ha sido una molestia temporal, y que en pocos días estarán en sus templos haciendo lo mismo que antes.

Me temo que las cosas no serán así.

- Sus ovejas (o más bien las ovejas de Cristo, pues él es que fue a la cruz por ellas), han sido liberadas del cristianismo de cuatro paredes.

- Muchos se han dado cuenta que hay mejores predicadores que usted, con alimento sólido que trae crecimiento. No regresarán a sus regaños de cada Domingo.

- Muchos creyentes están descubriendo el gozo de ser la iglesia en todo lugar. Interactuando con otros creyentes, sirviendo a las necesidades de otros creyentes, siendo testigos de un Dios vivo de una manera relevante a una nueva generación que sí son amigos de la tecnología.

- Ya no se conformarán con un cristianismo pasivo nominal. Están experimentando la vida de Cristo en ellos y en otros y ya saben que la Iglesia del Señor es mucho más grande que la secta local.

Así es amados. Las cosas no serán igual.

Transformación y modelos

En los capítulos que siguen exploraremos los diferentes modelos y formas de ministerio que son Bíblicas, vigentes y relevantes a una generación de avances tecnológicos y con gran movilidad.

PARTE I - IGLESIAS EN CASAS

Fundamentos bíblicos e ideas prácticas para fundar y sostener una iglesia en casa.

1

Fuera de las cuatro paredes

Antes que de rienda suelta a la imaginación, debo decirle que no tengo ningún problema o trauma con el edificio. El usar un edificio para congregarnos es una forma de practicar iglesia. No es la única forma (como verá más adelante) pero es una forma.

El problema es cuando lo presentamos como la única forma y aún desde los púlpitos hacemos sentir culpables a aquellos que por una u otra causa a veces no pueden asistir.

Cuando, lo hacemos regla, y hacemos creer a los creyentes que la iglesia es el edificio. Cuando ponemos pesadas cargas financieras sobre los creyentes y los presionamos y la mayor parte de los fondos se van al mantenimiento del edificio. En ese caso, por causa del edificio, la iglesia podrá perder su verdadera misión y rumbo, los cuales consisten en anunciar la buena noticia a todos los que no han oído.

Entonces, claro está, que sí creo en el uso de un

edificio, si es necesario, y si no entorpece la misión y comisión a la que hemos sido llamados... Id y haced discípulos.

Templos

En la iglesia primitiva nuevo testamentaria no existían templos.

El único templo mencionado en el comienzo de la historia de la Iglesia fue el templo de Jerusalem el cual era un templo Judío (Hechos 2:46).

Todos conocemos el milagro de cuando Pedro y Juan subían al templo a la hora de la oración (Hechos 3:1—10).

Éste era conocido como el templo de Herodes o «el segundo templo». El primer templo había sido el templo de Salomón.

Este Segundo Templo fue completado por Zorobabel[5] en 515 a.C. durante el reinado del persa Darío I[6] y seguidamente consagrado. Tras las incursiones paganas de los seléucidas[7], fue vuelto a consagrar por Judas Macabeo[8] en 165 a.C.

Reconstruido y ampliado por Herodes El Grande[9], el Templo fue a su vez destruido por las tropas romanas al mando de Tito[10] en el año 70, en el Sitio de Jerusalén[11], durante la primera guerra judía[12].

Una vez destruido el templo, ya no vemos más

templos en la historia de la Iglesia hasta tiempos de Constantino[13] quien entregó al papa Silvestre I[14] un palacio romano que había pertenecido a Diocleciano[15] y anteriormente a la familia patricia de los Plaucios Lateranos, con el encargo de construir una basílica de culto cristiano, que actualmente se conoce como Basílica de San Juan de Letrán[16].

En 324 d.C. el emperador hizo construir otra basílica en Roma, en el lugar donde según la tradición cristiana martirizaron a San Pedro: la Colina Vaticana, que actualmente acoge a la Basílica de San Pedro[17]. En el 326, apoyó financieramente la construcción de la iglesia del Santo Sepulcro[18] en Jerusalén.

De ahí en adelante vemos una serie de templos y catedrales ser levantados por la religión organizada —la iglesia Católica Apostólica Romana[19].

En los tiempos de la Reforma Protestante[20], la costumbre de los templos continuó, para ser heredada por el cristianismo evangélico de hoy.

La pregunta es: ¿Fue en algún momento la construcción de templos la idea que Dios tenía para la Iglesia cristiana?

La historia nos muestra de siempre existieron cristianos que se reunieron en casas durante los siglos. Estos eran comúnmente perseguidos por el «cristianismo organizado» que era también por lo regular la religión del estado.

En nuestras clases de Historia de la Iglesia en la *Facultad de Teología Latinoamericana*™ exploramos esto a más profundidad.

En este tratado mi objetivo principal es mostrar las bases Bíblicas para la iglesia que se reúne en casas.

2

EJEMPLOS DE IGLESIA EN CASAS

La iglesia primitiva entre los Judíos desde su comienzo se reunía en casas, aún cuando el templo de Jerusalén todavía estaba en pie.

Y perseverando unánimes cada día en el templo, y partiendo el pan en las casas, comían juntos con alegría y sencillez de corazón... Hechos 2:46

Como dije anteriormente, ese templo fue destruido en el año 70 d.C. y sólo quedaron las reuniones en casas.

En el mundo gentil, la iglesia no tuvo la opción de templo. Los templos que existían entre los gentiles eran templos paganos dedicados a falsas divinidades.

Vemos en la correspondencia de Pablo que las iglesias en casas era una costumbre en sus días.

Las iglesias de Asia os saludan. Aquila

y Priscila, con la iglesia que está en su casa, os saludan mucho en el Señor. 1 Corintios 16:19

Saludad a los hermanos que están en Laodicea, y a Ninfas y a la iglesia que está en su casa. Col 4:15

Saludad a Priscila y a Aquila, mis colaboradores en Cristo Jesús, que expusieron su vida por mí; a los cuales no sólo yo doy gracias, sino también todas las iglesias de los gentiles. Saludad también a la iglesia de su casa. Rom 16:3—5

Pablo, prisionero de Jesucristo, y el hermano Timoteo, al amado Filemón, colaborador nuestro, y a la amada hermana Apia, y a Arquipo nuestro compañero de milicia, y a la iglesia que está en tu casa... Filemón 1:1,2

El mismo Pablo permaneció durante dos años predicando en una casa alquilada en Roma.

Y Pablo permaneció dos años enteros en una casa alquilada, y recibía a todos los que a él venían, predicando el reino de Dios y enseñando acerca del Señor Jesucristo, abiertamente y sin impedimento. Hechos 28:30,31

PARTE II - DEL PASADO AL FUTURO

Otros modelos

La iglesia en casa es un gran modelo. Más adelante mostraré algunas de las ventajas de esta forma de congregación.

Fue la forma primitiva, y está vigente, sin embargo (como dice mi mentor Luis Palau) «el modelo no es sagrado».

Así es. El mensaje del evangelio es sagrado. No cambia. Es el mismo mensaje que se ha comunicado por 2,000 años. El mensaje es estático. Sin embargo, los modelos cambian. La forma en que presentamos el evangelio, los métodos, la manera en que nos congregamos se debe adaptar a cada generación y grupo étnico. También debe estratégicamente adaptarse para que sea entendible y relevante a la cultura presente.

> *Me he hecho débil a los débiles, para ganar a los débiles; a todos me he hecho de todo, para que de todos modos salve a algunos. 1 Corintios 9:22*

Note como Pablo adaptaba el método haciéndose de todo para salvar a algunos, o como habría dicho en el versículo 19, «para ganar a mayor número».

Veamos estos modelos relevantes.

3

Nuevos paradigmas

Cuando Pablo ministró, no existía el internet. La manera de comunicar el mensaje era por cartas. Entonces Pablo escribía cartas.

Pablo usó otros medios para comunicar la buena noticia. Él predicó al aire libre, en el Areópago de Atenas (Hechos 17:22)[21], en un anfiteatro en Efeso (Hechos 19:26—32), en plazas y sinagogas (Hechos 17:17). Las iglesias —como vimos antes— se reunían en casas, y aunque este método está todavía vigente, y tiene muchas ventajas, hoy en día tenemos varios otros métodos a nuestra disposición.

Pablo tenía papel y tinta, pero no tenía micrófono. Aún la página escrita, tenía distribución limitada. No fue hasta Gutenberg[22] con el invento de la imprenta que la distribución masiva de la página escrita fue posible. Y cuando vino esta posibilidad la abrazamos. Por primera vez se pudieron imprimir y distribuir Biblias, al punto de ponerlas en las manos del hombre común.

Sí. La iglesia avanzó y usó esta nueva herramienta.

Volviendo a Pablo. Él no tenía micrófono, no tenía internet. Usó el medio que tenía a la mano. Y gloria a Dios, extendió el Evangelio por todo el imperio romano.

> *...con potencia de señales y prodigios, en el poder del Espíritu de Dios; de manera que desde Jerusalén, y por los alrededores hasta Ilírico, todo lo he llenado del evangelio de Cristo. Romanos 15:19*

Hoy tenemos nuevas herramientas y una de estas es el internet.

Un medio poderoso que usado correctamente puede ser un instrumento poderoso para el extendimiento de la misión de la Iglesia —anunciar las buenas nuevas y hacer discípulos en todas las naciones.

Hasta ahora, algunas congregaciones han usado este método, pero lo han hecho limitadamente. Ofrecen un servicio en línea para aquellos que no pudieron asistir al templo. Pero siempre manteniendo el templo como el lugar oficial para congregarse.

Ahora durante la pandemia, y por causa de los contagios, estos templos han cerrado —algo que nadie se imaginó pasaría.

La iglesia por internet ya por varios meses ha sido «el método». El único método.

Aún los pastores que antes (en defensa del templo) atacaban al internet, algunos aún llegando a decir que el internet es del anticristo y que las computadoras son del diablo, ahora se han visto obligados a predicar por internet.

Esta es la historia.

La Iglesia en siglos pasados se resistió al avance muchas veces. La introducción del piano y órgano como instrumentos de música para alabar a Dios fue resistida. Luego se aceptó.

En la denominación donde yo me congregué a principios de los años 80, se prohibía el uso de la batería y aún la guitarra dentro del templo. Decían que los tambores atraían espíritus inmundos. Luego, años después lo aceptaron.

Recuerdo que en los años 80 nuestro amado Yiye Ávila decía que los televisores eran «cajones del diablo[23]». En sus cruzadas, los cristianos traían sus televisores para ser destruidos, o echados al río.

Luego unos años más tarde, el amado Yiye dijo que Dios le había hablado para que empezara un programa por televisión. Ahora ya los cristianos podían tener televisores —por supuesto, para ver a Yiye Ávila y no programas del mundo. No digo esto en forma de crítica, él mismo habló de ese cambio que él experimentó. En Latinoamérica todos respetamos al gran Evangelista y tenemos gran agradecimiento por su aporte al evangelismo. La posición de Yiye fue solo parte de la oposición que históricamente la Iglesia ha exhibido en cuanto a la tecnología. Al final siempre terminamos creciendo y avanzamos aceptando la poderosa plataforma que nos brinda cada nuevo avance tecnológico.

Los efectos de la pandemia

Todos sabemos que la pandemia es temporal. En unos meses posiblemente habrá terminado la pandemia (quizá en el momento en que usted esté leyendo esto ya la pandemia terminó y es cosa del pasado) y la mayoría habrá regresado a sus templos.

Hoy, en el mes de Julio del año 2020 (cuando escribo esto), algunos están haciendo protestas porque quieren regresar al templo aún cuando la vida de sus feligreses puede ser puesta en riesgo.

La mayoría quiere regresar a lo que conoce como normalidad. Es una característica del ser humano. Una expresión de la necesidad de certidumbre[24].

Pero... ¿nos hemos puesto a pensar? Sea que la pandemia no ha pasado o ya pasó. ¿No nos ha dejado ésta alguna lección?

¿No será que Dios ha usado esta pandemia para mostrarnos que es hora de explorar estos otros modelos?

Si la persecución fue usada para dispersar a los cristianos y sacarlos de Jerusalén para que el Evangelio fuese anunciado en otras tierras... ¿no puede haber sido esta pandemia usada para abrir nuestros ojos y ver la necesidad de que salgamos de nuestra comodidad del templo y llevemos la palabra por otros medios?

> *...En aquel día hubo una gran persecución contra la iglesia que estaba en Jerusalén; y todos fueron esparcidos por las tierras de Judea y de Samaria...*
> *Hechos 8:1*

No estoy diciendo que la pandemia ha sido buena. Ésta ha traído mucho sufrimiento. Muchas familias han perdido seres queridos. Ésta trajo una recesión económica. Millones perdieron sus empleos. Nada de esto fue bueno.

Sin embargo, en medio de todo esto, la Iglesia del Señor ha tenido la oportunidad de encontrar nuevas formas.

Formas relevantes a una generación joven que usa un teléfono celular como extensión de sus manos.

En un mundo donde gran parte de la población trabaja en Domingo, pero está conectada continuamente mientras se mueven de un lugar a otro.

En este nuevo mundo de alta tecnología, conectividad y movilidad, creo que debemos estar presentes. Como Iglesia de Cristo, es menester que usemos los medios.

De manera que la Iglesia esté presente en todo

momento, en todo lugar.

Así es. La Iglesia en todo lugar.

4

La iglesia digital

¿Qué haría Pablo si hubiera tenido una buena conexión de internet?

¿Pudiera existir una iglesia que opere digitalmente y a la vez pueda cubrir las múltiples necesidades de una congregación?

Algunos pudieran argumentar en contra de esta idea. El razonamiento sería que no hay nada como estar en un mismo lugar físicamente.

Aunque creo que sí. El contacto físico es necesario, inclusive para la salud mental y esta sería la forma óptima de reunión.

Sin embargo, dado a los impedimentos causados por un mundo donde las personas trabajan aún en Domingo u horarios muy fuera de lo que antes considerábamos como normal, y dada la facilidad de conexión en medio de una era de mucha movilidad, la iglesia digital, es decir reuniéndonos por medio de una plataforma virtual, puede ofrecer una alternativa, quizá no óptima, pero sí muy válida. Una forma que nos permite ser alimentados espiritualmente y aún confraternizar a la distancia.

Una congregación digital, una vez que ha pasado la pandemia, pudiera establecer maneras en que de tiempo en tiempo los congregantes se vean cara a cara. Algún tipo de convención o evento.

Sin embargo, gracias a los avances de la tecnología, el uso de audio, video y la habilidad de descargar libros, estudios en programas, etc... hace que la calidad de reunión sea muy buena.

Congregación por afinidad

Otra razón muy válida para una congregación digital es que los creyentes no están limitados geográficamente para encontrar una iglesia con la cual se identifiquen.

En la iglesia tradicional, muchos van al templo más cercano, o al que pueden llegar por las limitaciones de movilidad, no a la iglesia que les da el alimento espiritual que necesitan.

Muchos en el pasado se han quejado de que en el lugar donde se congregan ya no son alimentados. Ya no están creciendo, pues ya necesitan alimento más sólido que el que reciben. Sin embargo tienen que permanecer ahí por limitación geográfica.

En la iglesia digital, este problema no existe.

Un creyente buscará la congregación donde verdaderamente puede crecer. Ya no está limitado geográficamente.

Ya no buscarás una iglesia que está cerca de tu casa, sino cerca de tu corazón.

Millennials y Gen Z

Si vemos la iglesia digital con los lentes tradicionales del cristiano que ahora está en su tercera edad, es posible que no tenga sentido.

Muchos en esa generación no usan correo electrónico, y muchos aún no tienen conexión de internet. Es lógico que estos permanezcan en el modelo tradicional. Asistiendo al templo cada Domingo.

Sin embargo, las nuevas generaciones experimentan comunicación de una manera muy diferente.

Para un joven, estar conectado y usar la tecnología es mucho más fácil.

Entonces, adaptación para éstos no es problema.

Creo que es hora de explorar este nuevo modelo.

He visto la dinámica entre los estudiantes que están dentro de la Red de Desarrollo Bíblico™. Estos han formado una hermosa comunidad de compañerismo y colaboración a pesar de estar separados geográficamente por grandes distancias.

Nosotros tenemos un estudio bíblico cada Jueves en nuestra plataforma digital. Es en vivo, y en nuestra sala virtual, mientras enseño, interactúo con todos los que se conectan. Se ha formado una comunidad muy hermosa. Ya nos esperamos cada Jueves unos a otros. Yo me entusiasmo cuando está llegando la hora del estudio bíblico. Los que son parte de este estudio, se conocen entre sí y hay gran compañerismo entre ellos.

Recibo cada semana testimonios de cómo la palabra de Dios está trayendo crecimiento y gran efecto en las vidas de los que se reúnen con nosotros cada Jueves.

Este es un ejemplo de la efectividad de la reunión digital.

5

La iglesia en movimiento

Nuestro equipo ha experimentado esto. Para mis hijos es algo muy normal.

Habiendo yo hecho obra de evangelista por muchos años, predicando un fin de semana en una ciudad y al próximo fin de semana en otra, mi familia está acostumbrada a estar en comunión con Dios y recibir la palabra en el lugar donde estamos.

Mi familia, equipo y yo, nos hemos reunido como iglesia en un aeropuerto, en el portal de un hotel, debajo de un árbol de mango, y en muchos otros lugares.

La iglesia somos nosotros, no el edificio. Es decir que si la iglesia somos nosotros y nosotros estamos en movimiento, la iglesia también está en movimiento.

¡Qué tremendo concepto!

Se imagina que usted puede ser la iglesia cuando se reúne en «Su Nombre». De hecho esta es la forma más sencilla de congregación.

> *Porque donde están dos o tres congregados en mi nombre, allí estoy yo en medio de ellos. Mateo 18:20*

Quizá un grupo de creyentes dentro de su empresa, o en el club de béisbol, o en su barrio. O el grupo que se reúne en el café de la esquina para orar y compartir la palabra.

Sí hermanos. Somos la iglesia y cuando dos o más nos reunimos en su nombre Él está ahí en medio nuestro.

La «iglesia en todo lugar» no es un concepto nuevo. Es el diseño original. Es la manera de los primeros cristianos. Es la manera en que la iglesia ha crecido en medio de la persecución comunista.

Esa es la Iglesia que el Señor fundó. La Iglesia orgánica que crece y se mueve por todo lugar.

Ningún régimen de gobierno la puede detener. Ninguna pandemia la puede detener.

Las puertas del Hades no prevalecerán contra ella.

> *Mas yo también te digo, que tú eres Pedro, y sobre esta piedra edificaré mi iglesia; y las puertas del infierno no prevalecerán contra ella. Mateo 16:18 (RVA)*

En lo que sigue veremos características y beneficios de estos modelos y como implementarlos.

PARTE III - CARACTERÍSTICAS, BENEFICIOS, CALIFICACIONES Y EXPANSIÓN

6

CARACTERÍSTICAS DE IGLESIAS EN ESTOS MODELOS

1. Una iglesia en casa o digital, no es una célula.

2. No es parte (o rama) de una iglesia central.

3. No está "bajo cobertura" de un "apóstol" o jerarquía.

4. Es completamente autónoma.

El modelo de Pablo

1. Pablo no controlaba a las iglesias.

- Las servía (de abajo para arriba).

- No les daba órdenes —les rogaba y aconsejaba.

Pablo jamás impuso cargas o exigencias. No daba órdenes, mas pedía las cosas sin poner presión, con amor, en humildad, como de favor.

*Por tanto, tuve por necesario exhortar a los hermanos que fuesen primero a vosotros y preparasen primero vuestra generosidad antes prometida, para que esté lista como de generosidad, y **no como de exigencia** nuestra. 2 Corintios 9:5*

Note la frase: «no como de exigencia».

No hablo como quien manda... 2 Corintios 8:8

*Así que, hermanos, **os ruego** por las misericordias de Dios... Romanos 12:1*

*Pero **os ruego**, hermanos, por nuestro Señor Jesucristo y por el amor del Espíritu, que me ayudéis orando por mí a Dios Romanos 15:30*

*Mas **os ruego**, hermanos, que os fijéis en los que causan divisiones Romanos 16:17*

***Os ruego**, pues, hermanos, por el nombre de nuestro Señor Jesucristo, que habléis todos una misma cosa... 1 Corintios 1:10*

*Por tanto, **os ruego** que me imitéis. 1 Corintios 4:16*

*pidiéndonos **con muchos ruegos** que les*

concediésemos el privilegio de participar en este servicio para los santos. 2 Corintios 8:4

*Yo Pablo **os ruego** por la mansedumbre y ternura de Cristo... 2 Corintios 10:1*

*Yo pues, preso en el Señor, **os ruego** que andéis como es digno de la vocación con que fuisteis llamados Efesios 4:1*

2. Pablo no recibía diezmos o salario fijo de las iglesias.

Si otros participan de este derecho sobre vosotros, ¿cuánto más nosotros? Pero no hemos usado de este derecho, sino que lo soportamos todo, por no poner ningún obstáculo al evangelio de Cristo. 1 Cor 9:12

El fondo de las ofrendas era usado para las necesidades de hermanos.

- Necesidades de otras iglesias en casas.

- Para los huérfanos, las viudas y pobres.

- Jamás se recogió una ofrenda para gastos de edificio.

En contraste a hoy en día cuando 95% del dinero que entra a las iglesias se queda dentro de la iglesia, para gastos de edificio, salarios, comodidades modernas, etc... 47% de las entradas van a salarios de pastores y personal y solo 5% de las entradas va a misiones. Es decir que solo 5% va fuera de la congregación local[25].

Evidentemente tenemos un problema de prioridades en el sistema de iglesia moderna.

Veamos el modelo económico.

> *Porque Macedonia y Acaya tuvieron a bien hacer una ofrenda para los pobres que hay entre los santos que están en Jerusalén. Romanos 15:26*

> *En cuanto a la ofrenda para los santos, haced vosotros también de la manera que ordené en las iglesias de Galacia. 1 Corintios 16:1*

El método:

> *Cada primer día de la semana cada uno de vosotros ponga aparte algo, según haya prosperado, guardándolo, para que cuando yo llegue no se recojan entonces ofrendas. 1 Cor 16:2*

Ofrendas para la viudas:

> *Si algún creyente o alguna creyente tiene viudas, que las mantenga, y no sea gravada la iglesia, a fin de que haya lo suficiente para las que en verdad son viudas. 1 Tim 5:16*

> *En aquellos días, como creciera el número de los discípulos, hubo murmuración de los griegos contra los hebreos, de que las viudas de aquéllos eran desatendidas en la distribución diaria. Hechos 6:1*

Ofrendas para los pobres:

> *Solamente nos pidieron que nos acordásemos de los pobres; lo cual también procuré con diligencia hacer. Gálatas 2:10*

> *Porque Macedonia y Acaya tuvieron a bien hacer una ofrenda para los pobres que hay entre los santos que están en Jerusalén. Rom 15:26*

7

BENEFICIOS DE IGLESIAS EN ESTOS MODELOS

Sea que nos reunamos en casas, en un parque, café, digitalmente, o en una combinación de estos, los siguientes beneficios aplican.

1- Comunidad.

> *Y perseveraban en la doctrina de los apóstoles, en la comunión unos con otros, en el partimiento del pan y en las oraciones. Hechos 2:42*

2- Sencillez

> *Y perseverando unánimes cada día en el templo, y partiendo el pan en las casas, comían juntos con alegría y sencillez de corazón... Hechos 2:46*

3- Autenticidad

> *Procura con diligencia presentarte a*

> *Dios aprobado, como obrero que no tiene de qué avergonzarse, que usa bien la palabra de verdad. 2 Timoteo 2:15*

Puedes impresionar desde el púlpito (de lejos) a quienes no te conocen, pero no puedes impresionar a quienes viven contigo o te ven de cerca.

4- Economía liberada

No hay atadura de:

- Mantener edificios, reparaciones, utilidades.

- Prestamos de bancos, pagos mensuales.

- Salarios y beneficios pastorales.

El dinero puede ser usado en:

- Evangelismo.

- Misiones.

- Ayuda a hermanos en necesidad.

- Cuidar a las viudas, los huérfanos y los pobres.

8

Calificaciones para pastorear una iglesia

Estas calificaciones aplican a todo el que ministra, sea pastor, anciano, diácono, maestros, etc...

1- Preparación

> *Procura con diligencia presentarte a Dios aprobado, como obrero que no tiene de qué avergonzarse, que usa bien la palabra de verdad. 2 Timoteo 2:15*

2- Testimonio

> *y daban buen testimonio de él los hermanos que estaban en Listra y en Iconio. Hechos 16:2*

> *Buscad, pues, hermanos, de entre vosotros a siete varones de buen testimonio, llenos del Espíritu Santo y de sabiduría, a quienes encarguemos de este trabajo. Hechos 6:3*

3- Muestra de caracter

Pero es necesario que el obispo sea irreprensible, marido de una sola mujer, sobrio, prudente, decoroso, hospedador, apto para enseñar; no dado al vino, no pendenciero, no codicioso de ganancias deshonestas, sino amable, apacible, no avaro; que gobierne bien su casa, que tenga a sus hijos en sujeción con toda honestidad (pues el que no sabe gobernar su propia casa, ¿cómo cuidará de la iglesia de Dios?); no un neófito, no sea que envaneciéndose caiga en la condenación del diablo. También es necesario que tenga buen testimonio de los de afuera, para que no caiga en descrédito y en lazo del diablo. Los diáconos asimismo deben ser honestos, sin doblez, no dados a mucho vino, no codiciosos de ganancias deshonestas; que guarden el misterio de la fe con limpia conciencia. Y éstos también sean sometidos a prueba primero, y entonces ejerzan el diaconado, si son irreprensibles. Las mujeres asimismo sean honestas, no calumniadoras, sino sobrias, fieles en todo. Los diáconos sean maridos de una sola mujer, y que gobiernen bien sus hijos y sus casas. 1 Tim 3:2—12

el que fuere irreprensible, marido de una sola mujer, y tenga hijos creyentes que no estén acusados de disolución ni de rebeldía. Tito 1:6

4- Disponibilidad

Así que, según tengamos oportunidad, hagamos bien a todos, y mayormente a los de la familia de la fe. Gal 6:10

que prediques la palabra; que instes a tiempo y fuera de tiempo; redarguye, reprende, exhorta con toda paciencia y doctrina. 2 Timoteo 4:2

aprovechando bien el tiempo, porque los días son malos. Efesios 5:16

Andad sabiamente para con los de afuera, redimiendo el tiempo. Col 4:5

9

EXPANSIÓN Y CRECIMIENTO

Para las iglesias en casas:

¿Hasta donde puede crecer una iglesia en casa?

Hasta que quepan.

¿Qué sucede entonces?

Se envían misioneros a abrir otra casa.

Para iglesias digitales:

¿Hasta donde puede crecer una iglesia digital?

Mientras el mecanismo lo sostenga y las necesidades de los congregantes puedan ser atendidas el crecimiento puede ser ilimitado. Por supuesto, la infraestructura deberá irse adaptando y más ministros serán necesarios conforme el crecimiento lo va dictando.

Sea cual sea al modelo, debemos tener presente el hecho de que el crecimiento en una iglesia sana sucederá orgánicamente.

> *Así que las iglesias eran confirmadas en la fe, y aumentaban en número cada día. Hechos 16:5*

El crecimiento de la Iglesia (cuerpo de Cristo) es dado por el Señor.

> *Así que ni el que planta es algo, ni el que riega, sino Dios, que da el crecimiento. 1 Corintios 3:7*

La iglesia primitiva crecía al practicar 9 cosas:

1. Oración colectiva (Hechos 1:14)

2. Doctrina (Hechos 2:42)

3. Comunión (comunidad) (Hechos 2:42)

4. Comiendo juntos (Hechos 2:42)

5. Unidad (Hechos 2:46)

6. Reuniones (Hechos 2:46)

7. Sencillez (Hechos 2:46)

8. Alabanza (Hechos 2:47)

9. Obras prácticas (Hechos 2:47)

Entonces...

> *Y el Señor añadía cada día a la iglesia los que habían de ser salvos. Hechos 2:47*

El crecimiento sucede en el modelo de iglesias en casas, o digitales o en la combinación de varios modelos, porque es natural —Dios lo dá.

Para las iglesias en casas, la tentación viene cuando ya no cabemos en casa y pensamos en movernos a un edificio o templo, pues queremos conservar a todos juntos. A veces por la presión secular de éxito, que consiste en "cuantos miembros tiene tu iglesia".

Si te presentan a alguien nuevo y le dicen que eres pastor, por lo regular las primeras preguntas que te harán serán: ¿Cuántos miembros tiene tu iglesia? O ¿De que tamaño es el edificio?

La iglesia primitiva no tenía ese problema. Ellos no vivían en una sociedad de consumo donde "el éxito" es un ídolo.

Entonces —siendo ya libres de ese mal— cuando la iglesia en casa crece y ya no cabemos en un lugar, es hora de enviar a los que hemos entrenado a abrir otra iglesia en casa.

En este caso dividirnos es una bendición.

A medidas que se plantan nuevas iglesias en casas, conservar la comunión, comunicación y ayuda mutua entre congregaciones es saludable y bíblico, como lo vemos en la comunicación que Pablo usaba para enlazar a todas las iglesias.

PARTE IV - GOBIERNO, DONES Y COMISIÓN

10

GOBIERNO DE LAS IGLESIAS

Cada congregación, sea en casa o digital y aún en el modo tradicional, debe tener su propio gobierno de ancianos.

Vemos que Pablo nunca mencionó «cobertura» lo cual es una práctica que se ha popularizado en nuestro tiempo en la cual un seudo-apóstol o una organización ofrece cierta protección espiritual y legal a cambio de control.

En esta práctica dichos apóstoles u organizaciones exigen que las iglesias sometidas les envíen el «diezmo de diezmos» o sea la décima parte de lo que ellos recogen localmente. Esto no tiene apoyo bíblico. Estos usan textos de la ley (antiguo pacto), prácticas del sacerdocio levítico.

Por ejemplo:

> *El Señor le ordenó a Moisés que les dijera a los levitas: «Cuando reciban de*

*los israelitas los diezmos que les he dado
a ustedes como herencia, ofrézcanme,
como contribución, el diezmo de esos
diezmos. Números 18:25-26*

Pero ya no estamos bajo la ley.

*Porque el pecado no se enseñoreará de
vosotros; pues no estáis bajo la ley, sino
bajo la gracia. Rom 6:14*

Como dije antes, esta práctica no aparece ni una sola vez en el nuevo pacto.

Estas son cargas impuestas por religiosos "fariseos modernos" que atan. Yugos de esclavitud.

Mire lo que dice Jesús al respecto.

*Porque atan cargas pesadas y difíciles
de llevar, y las ponen sobre los hombros
de los hombres; pero ellos ni con un dedo
quieren moverlas. Mateo 23:4*

Pablo jamás exigió dinero ni sometimiento de las iglesias que plantó.

Pablo fue un gran plantador de iglesias. Jamás sometió a las iglesias a un sistema de jerarquías y obligaciones.

Como dije antes, en el modelo Paulino, cada congregación es autónoma. Es gobernada por un cuerpo de ancianos. No están sometidas a un gobierno de patriarcado.

Como ya dije anteriormente, Pablo pedía las cosas como favor. No daba órdenes, no exigía nada.

El gobierno de los ancianos

Cuando el gobierno es repartido entre varios, también se reparten las responsabilidades, las pruebas, y las persecuciones.

Es mejor ser perseguido en grupo que ser perseguido solo.

Hay más protección cuando se trabaja en equipo que cuando toda la responsabilidad está sobre una sola persona.

Veamos ejemplo de este gobierno en operación.

> *Los ancianos que gobiernan bien, sean tenidos por dignos de doble honor, mayormente los que trabajan en predicar y enseñar. 1 Tim 5:17*

> *Por esta causa te dejé en Creta, para que corrigieses lo deficiente, y establecieses ancianos en cada ciudad, así como yo te mandé... Tito 1:5*

Los ancianos toman decisiones y administran economía.

Nunca se pone a una persona sola a cargo del tesoro.

> *...evitando que nadie nos censure en cuanto a esta ofrenda abundante que administramos 2 Cor 8:20*

Cada iglesia independientemente del modelo que use, es autónoma.

> *Y constituyeron ancianos en cada iglesia, y habiendo orado con ayunos, los encomendaron al Señor en quien habían creído. Hechos 14:23*

> *Como Pablo y Bernabé tuviesen una discusión y contienda no pequeña con ellos, se dispuso que subiesen Pablo y Bernabé a Jerusalén, y algunos otros de ellos, a los apóstoles y a los ancianos, para tratar esta cuestión. Hechos 15:2*

> *Enviando, pues, desde Mileto a Efeso, hizo llamar a los ancianos de la iglesia. Hechos 20:17*

> *¿Está alguno enfermo entre vosotros? Llame a los ancianos de la iglesia, y oren por él, ungiéndole con aceite en el nombre del Señor. Santiago 5:14*

11

DONES E INTERRELACIÓN

Los dones dados a la Iglesia (Cuerpo de Cristo) sirven a las iglesias independientemente del modelo con:

- Recursos

- Ensenanzas

- Consejo

Pero sin control.

Pablo mantenía una relación con las iglesias que había plantado. Como dije anteriormente no las controlaba.

Pablo no estableció un orden de jerarquías.

Sin embargo, Pablo suplía alimento espiritual por medio de sus escritos. En estos edificaba, aconsejaba, animaba, reprendía y consolaba a las iglesias.

Sus colaboradores mantenían con Pablo una relación como de familia. Existía una paternidad espiritual como lo vemos en el siguiente texto.

> *Por esto mismo os he enviado a Timoteo,*
> *que es mi hijo amado y fiel en el Señor, el*
> *cual os recordará mi proceder en Cristo,*
> *de la manera que enseño en todas partes*
> *y en todas las iglesias. 1 Cor 4:17*

Los dones dados a la Iglesia

El Señor dió dones a la Iglesia (al cuerpo de Cristo) en general.

Estos dones no están limitados a la iglesia local. Son dados para beneficios de toda la Iglesia en general.

> *Por lo cual dice: Subiendo a lo alto,*
> *llevó cautiva la cautividad, Y dio dones*
> *a los hombres. Y él mismo constituyó*
> *a unos, apóstoles; a otros, profetas; a*
> *otros, evangelistas; a otros, pastores*
> *y maestros, a fin de perfeccionar a los*
> *santos para la obra del ministerio, para*
> *la edificación del cuerpo de Cristo, hasta*
> *que todos lleguemos a la unidad de la*
> *fe y del conocimiento del Hijo de Dios,*
> *a un varón perfecto, a la medida de*
> *la estatura de la plenitud de Cristo...*
> *Efesios 4:8,11—13*

Específicamente en Efesios 4:11, Dios menciona ministerios que han operado en el transcurso y durante la edad de la Iglesia.

Dentro de los dones de ministerio, Dios usó unos «como el de Apóstol y Profeta» durante el período de fundación de la Iglesia. Estos establecieron el fundamento. Por ejemplo, a Pablo le fué encargado poner el fundamento de la iglesia gentil.

> *...yo como perito arquitecto puse el fundamento... 1 Cor 3:10*

Dos de los ministerios mencionados en esta lista tuvieron el trabajo de establecer el fundamento y esto es confirmado por Efesios 2:20 que dice: «*edificados sobre el fundamento de los apóstoles y profetas*».

El resto de los ministerios en esta lista, es decir: «*evangelistas, pastores y maestros*», no son mencionados en Efesios 2:20, pues no son ministerios de fundación.

¿Cuál es el trabajo de estos tres ministerios?

Estos están encargados de «perfeccionar a los santos para la obra del ministerio...», edificando sobre el fundamento que ya fue puesto por los apóstoles y profetas.

Es decir, que esta lista de ministerios nos da una visión global, o redondeada de toda la comisión de estos ministerios.

A unos les fue encomendado poner el fundamento y a otros edificar encima, o lo que quiere decir: continuidad.

Hoy en día, necesitamos la labor del Evangelista —aquel que opera fuera de las iglesias, ganando almas para Cristo.

Un evangelista tiene la habilidad de atraer multitudes, hacer reuniones al aire libre y predicar el mensaje de salvación.

Pablo hizo obra de evangelista, también Pedro a pesar de ser apóstoles.

En una predicación de Pedro 3000 personas creyeron (Hechos 2:41).

Hay registros de Pablo predicando al aire libre en varias ocasiones. Por ejemplo, en Atenas (como ya mencioné antes) predicó en el Areópago —una especie de anfiteatro al pie de una colina (18) (Hechos 17:16—34).

Parte de nuestro trabajo en Latinoamérica ha sido este durante años. Junto al equipo y yo por la gracia de Dios hemos podido predicar en plazas de toros, estadios de fútbol, y muchos otros tipos de lugares al aire libre durante años.

Aunque mi trabajo de escribir, entrenar líderes y enseñar ha tomado nuestro mayor tiempo en estos últimos años.

Es importante señalar, que de la misma manera que existen diferentes modelos en la práctica de iglesias como congregaciones, también existen varios modelos en lo que corresponde a evangelismo.

Evangelismo puede operar por muchos medios, como evangelismo en las calles, en plazas, por medio de la radio, internet, etc... y luego existen diferentes expresiones dentro de esos modelos. Por ejemplo. En nuestros festivales usamos carpas para específicamente evangelizar a ciertos grupos, como niños, adolescentes, etc... Algunos ministerios usan marionetas, otros la música. Otros ministerios usan el deporte.

Lo importante es que Cristo está siendo predicado por medio de todos estos modelos y expresiones.

Otros dones de ministerio

El don de pastor y maestro (que con frecuencia opera junto) es necesario para el crecimiento de los creyentes. A veces el don de maestro opera solo (sin el pastorado).

Es por medio de la enseñanza que viene el crecimiento espiritual.

En el capítulo 12 de 1ra de Corintios encontramos otra lista de dones de ministerio (algunos repetidos).

> *Y hay diversidad de ministerios, pero el Señor es el mismo. Y a unos puso Dios en la iglesia, primeramente apóstoles, luego profetas, lo tercero maestros, luego los que hacen milagros, después los que sanan, los que ayudan, los que administran, los que tienen don de lenguas. 1 Cor 12:5,28*

El profeta en el Nuevo Pacto no es como los profetas (videntes) antiguos. Hoy no tenemos profetas como Jeremías, Isaías, Daniel, etc...

Estos pusieron el fundamento en las escrituras antiguas y hablaron del futuro, especialmente en profecías que hablaban del Mesías, los tiempos de Israel, etc...

Hoy no tenemos profetas hablando del futuro pues la profecía está ya toda escrita. La profecía en el nuevo testamento es para edificación, exhortación y consolación (1 Corintios 14:3).

Interesante que Pablo nombra a «los que ayudan» como un ministerio, también a «los que administran».

Algunos de estos ministerios están ligados directamente a la función de una congregación individual, y sea la iglesia que se reúne en casas, o cualquier otro modelo de congregación, se puede beneficiar grandemente de la enseñanza y recursos que vienen de maestros que son dados al cuerpo de Cristo (en general) y trabajar con evangelistas en proyectos fuera de las reuniones en casas o por internet, como alcances a la comunidad. Así Cristo es anunciado en todo lugar.

12

Comisión y retos

En la era de grandes avances tecnológicos y gran movilidad —como hemos aprendido— somos llamados a usar cada medio disponible para cumplir con la misión de la Iglesia.

Debemos no perder de vista ese llamado original.

Por tanto, id, y haced discípulos a todas las naciones, bautizándolos en el nombre del Padre, y del Hijo, y del Espíritu Santo; enseñándoles que guarden todas las cosas que os he mandado; y he aquí yo estoy con vosotros todos los días, hasta el fin del mundo. Amén. Mateo 28:19—20

Si bien en el pasado hemos cometido el error de limitarnos a un solo modelo, en la manera que practicamos iglesia... ahora que hemos leído y entendemos, podemos tomar el reto.

Como Pablo, podemos usar cada forma disponible para «ganar a mayor número».

Por lo cual, siendo libre de todos, me he hecho siervo de todos para ganar a mayor número. 1 Corintios 9:19

Sí. Los números son importantes. La expansión del reino es un mandato.

Tomemos hoy el reto.

PREGUNTAS

1- ¿Hubo algún tipo de reunión que no fuera en casas durante los tiempos de Pablo?

Sí. Parece que los Corintios tuvieron reuniones en algún lugar público o edificio.

> *Pues qué, ¿no tenéis casas en que comáis y bebáis? ¿O menospreciáis la iglesia de Dios, y avergonzáis a los que no tienen nada? ¿Qué os diré? ¿Os alabaré? En esto no os alabo. 1 Corintios 11:22*

Este texto nos da a entender que tenían un lugar de reunión que no era una casa.

2- ¿Predicó Pablo en algún tipo de templo?

Pablo acostumbraba a predicar en las sinagogas judías en Sábados cuando llegaba a alguna ciudad. Los judíos sí se reunían en sinagogas (edificios como pequeños templos). Este trabajo de Pablo era evangelístico pues iba a anunciarles a Cristo. Pero las iglesias cristianas se reunían en casas por lo regular.

3- ¿Está usted en contra de que las iglesias se reunan en templos?

No. Para nada. Estaríamos creando una nueva ley y

menospreciando a los hermanos en la fe. Sea en casa, en un edificio, debajo de un árbol, lo importante es que los creyentes se reunan.

Iglesias en casas o por internet, o una combinación de ambos, son solo modelos bíblicos sanos, sencillos y que tienen muchas ventajas, pero no deseo despreciar los modelos tradicionales.

4- ¿Donde se reune usted?

Mi esposa, mis hijos, el equipo y yo cuando viajamos predicando a Cristo en Latinoamérica tenemos reuniones donde nos encontremos, sea en el portal de un hotel, en un aeropuerto, o en un café. En San Diego, siempre hemos sido parte de una congregación, pero nuestro trabajo ha sido servir al cuerpo de Cristo.

5- ¿Cree usted en eventos de muchas iglesias juntas?

Sí. Nosotros hemos hecho festivales en Latinoamérica durante años. En estos participan creyentes de todas las iglesias, aunque los eventos están enfocados en alcanzar a quienes no conocen a Cristo.

6- ¿Cómo puedo saber que modelo usar para pastorear a mi congregación?

Yo creo que Dios trata individualmente con cada ministerio y le muestra claramente cuales son los dones y habilidades que ya tiene.

Por ejemplo. Si usted no tiene las habilidades o

la estructura tecnológica para mantener una iglesia virtual, quizá deba considerar otro modelo. Una operación digital claramente no es para todos.

7- ¿Puedo tener una iglesia en facebook?

Facebook es una plataforma social, todo es público. Aunque es una buena herramienta para evangelismo, no creo que se preste para proveer la intimidad y atención individual que usted pueda dar a las ovejas. Yo recomendaría una plataforma edificada específicamente para las necesidades y los servicios que provee a todos los miembros de la congregación.

8- ¿No es peligroso que ahora cualquier persona con una buena conexión de internet se autonombre pastor y comience su propia iglesia?

Sí. El peligro existe. Ese mismo peligro existe con la iglesia tradicional. En el pasados algunos se han salido de una congregación y han comenzado su propia iglesia sin estar preparados, a veces sin estar llamados.

Por eso hago énfasis en la preparación del ministro. Además, como expuse anteriormente, para evitar estas cosas es que se necesita que la congregación tenga gobierno de ancianos, personas de buen testimonio y aprobados para la obra del ministerio.

¿Tiene preguntas?

Escríbanos.

https://japerez.com/conectate/

Notas:

1- El sitio de Jerusalén del año 70 d. C. fue un acontecimiento decisivo en la primera guerra judeo-romana. https:// es.wikipedia.org/wiki/Sitio_de_Jerusal%C3%A9n_(70) (capturado Julio 24, 2020).

2- Un gladiador (del latín: gladiãtor, de gladius 'espada') era un combatiente armado que entretenía al público durante la República y el Imperio romano en confrontaciones violentas contra otros gladiadores, animales salvajes y condenados a muerte. https://es.wikipedia.org/wiki/Gladiador (capturado Julio 24, 2020).

Gladiators: Were any of them Christian? 1 July, 2018 Julia Huse https://www.ancient-origins.net/history-ancient-traditions/ gladiators-0010300 (capturado Julio 24, 2020).

3- Las iglesias clandestinas de China By Gonçalo Fonseca 11 April 2018.

https://www.equaltimes.org/las-iglesias-clandestinas-de-china (capturado Julio 24, 2020).

4- La compañía fue fundada como Mosaic Communications Corporation el 4 de abril de 1994 por Marc Andreessen y Jim Clark. Fue una de las primeras compañías en trabajar con la naciente World Wide Web. Lanzó un navegador llamado Mosaic Netscape 0.9 el 13 de octubre de 1994. Este navegador fue posteriormente renombrado como Netscape Navigator. La compañía cambió de nombre a Netscape Communications Corporation el 14 de noviembre de 1994. https://es.wikipedia. org/wiki/Netscape_Communications_Corporation (capturado Julio 22, 2020).

5- Zorobabel. *https://es.wikipedia.org/wiki/Zorobabel (capturado Junio 17, 2020).*

6- Reinado de Darío Iro. *https://es.wikipedia.org/wiki/Dar%C3%ADo_I (capturado Junio 17, 2020).*

7- Seleúcidas. *https://es.wikipedia.org/wiki/Sele%C3%BAcida (capturado Junio 17, 2020).*

8- Judas Macabeo. *https://es.wikipedia.org/wiki/Judas_Macabeo (capturado Junio 17, 2020).*

9- Herodes El Grande. *https://es.wikipedia.org/wiki/Herodes_el_Grande (capturado Junio 17, 2020).*

10- Emperador Tito. *https://es.wikipedia.org/wiki/Tito (capturado Junio 17, 2020).*

11- El sitio de Jerusalem. *https://es.wikipedia.org/wiki/Sitio_de_Jerusal%C3%A9n_(70) (capturado Junio 17, 2020).*

12- Primera Guerra Judía. *https://es.wikipedia.org/wiki/Primera_guerra_jud%C3%ADa (capturado Junio 17, 2020).*

13- Emperador Constantino I.*https://es.wikipedia.org/wiki/Constantino_I#Constantino_y_el_cristianismo (capturado Junio 17, 2020).*

14- Papa Silvestre I. *https://es.wikipedia.org/wiki/Silvestre_I (capturado Junio 17, 2020).*

15- Diocleciano. *https://es.wikipedia.org/wiki/Diocleciano (capturado Junio 17, 2020).*

16- La Basílica e San Juan de Letrán. *https://es.wikipedia.org/wiki/Bas%C3%ADlica_de_San_Juan_de_Letr%C3%A1n (capturado Junio 17, 2020).*

17- Basílica de San Pedro. *https://es.wikipedia.org/wiki/Bas%C3%ADlica_de_San_Pedro (capturado Junio 17, 2020).*

18- Iglesia del Santo Sepulcro. *https://es.wikipedia.org/wiki/Iglesia_del_Santo_Sepulcro_(Jerusal%C3%A9n)(capturado Junio 17, 2020).*

19- *La iglesia Católica Apostólica Romana. https://es.wikipedia. org/wiki/Iglesia_cat%C3%B3lica (capturado Junio 17, 2020).*

20- *Reforma protestante. https://es.wikipedia.org/wiki/ Reforma_protestante (capturado Junio 17, 2020).*

21- *El Areópago o «Colina de Ares».*

El Areópago o «Colina de Ares», es un monte situado al oeste de la Acrópolis de Atenas, sede del Consejo que allí se reunió desde el 480 a. C. hasta el 425 d.C.https://es.wikipedia.org/ wiki/Are%C3%B3pago (capturado Julio 20, 2020).

22- *Johannes Gutenberg fue un orfebre alemán, inventor de la prensa de imprenta con tipos móviles moderna (hacia 1440). Su trabajo más reconocido es la Biblia de 42 líneas (se refiere al número de líneas impresas en cada página), que se considera el primer libro impreso con tipografía móvil. https://en.wikipedia. org/wiki/Johannes_Gutenberg (capturado Julio 22, 2020).*

23- *El Yiye Ávila que conocimos. https://verdadyvida.org/ el-yiye-avila-que-conocimos/ (capturado Julio 22, 2020). Yiye Avila defiende la televisión como un medio para comunicar el evangelio. https://youtu.be/u8aKsNduNP4 (capturado Julio 22, 2020).*

24- *La necesidad de certidumbre. Matando a los Dragones: De la ansiedad a la paz que sobrepasa todo entendimiento por JA Pérez (Cap. 9 pag. 62) ISBN: 978-1947193246 Tisbita Publishing House.*

25- *How Churches Spend their Money. By PNW Conference Dec 2, 2014 https://www.pnwumc.org/news/how-churches-spend-their-money/ (capturado Julio 22, 2020).*

Trasfondo

Dr. JA Pérez

Escritor, humanitario y precursor de movimientos de cosecha en América Latina.

Ha escrito libros en varios géneros, como teología, escatología, liderazgo, y sobre temas para la familia y los retos de la vida cotidiana.

Además, sostiene conferencias para líderes donde asiste a intelectuales, así como a iletrados, en la adquisición de destrezas esenciales y soluciones pragmáticas para comunicar esperanza con valentía en entornos complejos, y a veces hostiles.

Sus concentraciones masivas y misiones humanitarias han atraído grandes multitudes durante años.

Él, su esposa y sus tres hijos, viven en un suburbio de San Diego en California, desde donde se coordinan todos los proyectos de la asociación que lleva su nombre.

recursos

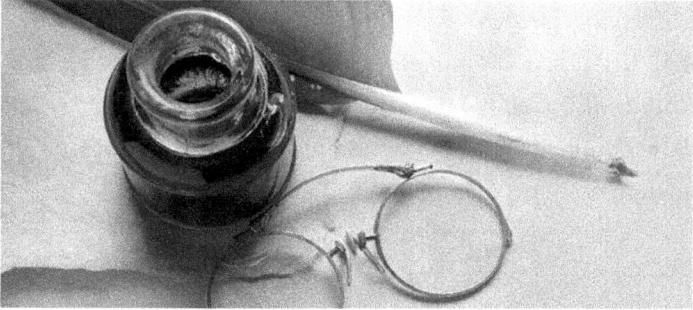

CURSOS Y LIBROS

Dr. JA Pérez ha escrito
varios libros, manuales de
entrenamiento y creado
varios cursos. Todos sus
libros están disponibles en
Amazon.com así como
en librerías y tiendas
mundialmente. Libros
con temas para la familia,
empresa, liderazgo,
economía, profecía bíblica,
devocionales, inspiracionales,
evangelismo y teología.

Red de Desarrollo Bíblico

Capacitate para servir mejor desde la comodidad de tu hogar o aún cuando te mueves de un lugar a otro conectandote desde tu computadora, tableta o teléfono.

Ahora puedes tomar todos los cursos de la *Escuela de Liderazgo Internacional*™, *Facultad de Teología Latinoamericana*™ o de la comunidad *Vida Cristiana*™ desde la comunidad de tu hogar y aun cuando te mueves de un lugar a otro en tu laptop, tableta o teléfono.

Todos los cursos contienen el manual del curos que puedes descargar o leer en tu pantalla, videos para cada lección, texto escrito de cada lección, así como questionario o examen. Además en el momento que completas los exámenes satisfactoriamente, recibes el *Certificado de Completación* de cada materia. ***Becas disponibles para Latinoamérica.***

Toda la información en:

https://desarrollo.japerez.com/

SERIE: MATANDO A LOS DRAGONES

Venciendo la Ansiedad

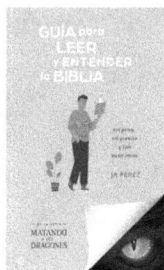

Esta serie de libros es basada en el volumen completo: *Matando a los Dragones: De la ansiedad a la paz que sobrepasa todo entendimiento*, la serie incluye el *manual interactivo* y curso titulado *Venciendo la Ansiedad* en la *Red de Desarrollo Bíblico* en: https://desarrollo.japerez.com

Ficción

Varios Temas

Crecimiento Espiritual, Teología, Principios de Vida y Relaciones

JESÚS
pregunta

JA PÉREZ

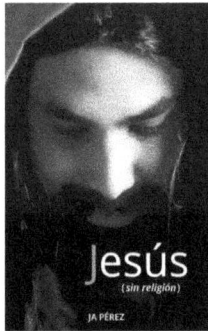

Jesús
(sin religión)

JA PÉREZ

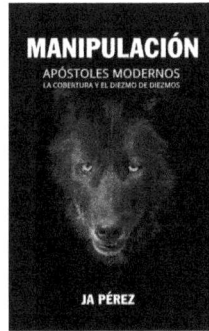

MANIPULACIÓN
APÓSTOLES MODERNOS
LA COBERTURA Y EL DIEZMO DE DIEZMOS

JA PÉREZ

**POETAS,
PROFETAS,
Y OTROS
CON IMA-
GINACIÓN**

las
12
MARCAS del
DISCÍPULO

JA PÉREZ

100

J.A. PÉREZ

Finanzas

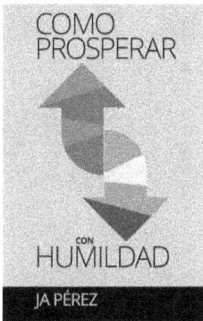

COMO
PROSPERAR

CON
HUMILDAD

JA PÉREZ

**GANADO
PLATA
Y ORO**

LAS 40 REGLAS ESPIRITUALES
ESENCIALES PARA EL
DESARROLLO EMPRESARIAL

JA PÉREZ

Profecía Bíblica

**40
PROFECÍAS
CUMPLIDAS**

J.A. PÉREZ

EL
FIN

ESTADO PROFÉTICO DE LAS NACIONES

J.A. PÉREZ

Liderazgo
Empresa, Gobierno y Diplomacia

DESARROLLO DE LIDERAZGO
MI NES SIO

JA PÉREZ

Desarrollo de
Liderazgo
con énfasis en
Diplomacia

JA Pérez

DESARROLLO DE
LIDERAZGO
CON ÉNFASIS
EMPRESARIAL

JA PÉREZ

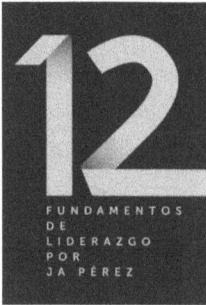

12
FUNDAMENTOS
DE
LIDERAZGO
POR
JA PÉREZ

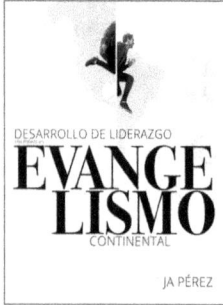

DESARROLLO DE LIDERAZGO
EVANGE LISMO
CONTINENTAL

JA PÉREZ

DESARROLLO DE
LIDERAZGO
CON ÉNFASIS EN
PLANTACIÓN
DE IGLESIAS
JA PÉREZ

EMBAJADOR 360°
LÍDER
CON MENTE DE
REINO
JA PÉREZ

EMBAJADOR 360°
LÍDER
CON MENTE DE
REINO
JA PÉREZ

LÍDER
CON MENTE DE
REINO
JA PÉREZ

los 5
ERRORES
MÁS COMUNES
QUE COMETE UN LÍDER

JA PÉREZ

LIDERAZGO
IRREVOCABLE

JA PÉREZ

LIDERAZGO
INTELIGENTE

JA PÉREZ

LIDERAZGO
y CONSORCIOS

JA PÉREZ

LIDERAZGO
y GOBIERNOS

JA PÉREZ

LIDERAZGO
PRODUCTIVO

JA PÉREZ

LIDERAZGO
y CAPITAL INFLUYENTE

JA PÉREZ

LIDERAZGO
INSPIRACIONAL

JA PÉREZ

LIDERAZGO
TRANSPARENTE

JA PÉREZ

LIDERAZGO
y SISTEMAS

JA PÉREZ

LIDERAZGO
y DESARROLLOS

JA PÉREZ

LIDERAZGO
INVISIBLE

JA PÉREZ

LIDERAZGO
y LEGADO

JA PÉREZ

Evangelismo y Misiones

Discipulado para Nuevos Creyentes y Estudios de Grupos

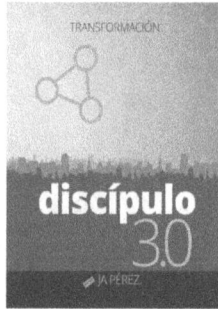

TRANSFORMACIÓN

discípulo
3.0

JA PÉREZ

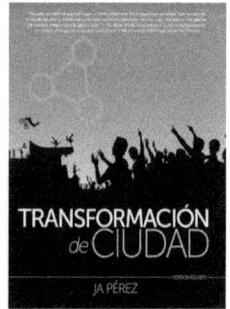

TRANSFORMACIÓN
de CIUDAD

JA PÉREZ

JUNTOS
X EL
CONTINENTE

JA PÉREZ

JUNTOS
X EL
CONTINENTE
VERSION: PASTORES

JA PÉREZ

COMO
COMPARTIR
LAS
BUENAS
NOTICIAS

JA PÉREZ

Cosecha

EVANGELISMO
EFECTIVO

JORGE ARMANDO PÉREZ VENÂNCIO

J.A. PÉREZ

Festivales y
Concentraciones

Juntos | Concejo
Internacional

AHORA
que estoy en
CRISTO

JA PÉREZ

Festivales y
Concentraciones

Juntos | En la Jornada

Festivales y
Concentraciones

Juntos | En la Cosecha

JUNTOS

Crecimiento
Inspiración y Creatividad

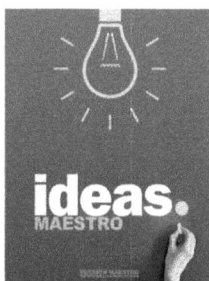

Clásicos
Vida cristiana, familia y relaciones.

English
Collaboration, Relations, Growth

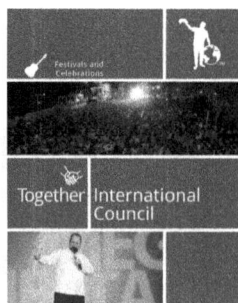

create 3 new habits

A simple guide to form new habits for a better, simpler, happier life

ja pérez

NOW

THE URGENCY AND THE KEY
TO REACH THIS GENERATION
WITH THE MESSAGE OF CHRIST

COLLAB ORATION

YOUR
KINGDOM
OR HIS
KINGDOM

COLLABORATION
IOI
for EVANGELISTS

COLLABORATION
IOI
for CHURCHES

9 BASIC
PRINCIPLES *of*
COLLABORATION
for EVANGELISTS

JA PÉREZ

Festivals and Celebrations

Together | Collaborate

Festivals and Celebrations

Together | International Council

Para una lista completa de libros puede ir a: **japerez.com/libros**

CONTACTE / SIGA AL AUTOR

Blog personal y redes sociales

japerez.com

@porJAPerez

facebook.com/porJAPerez

Asociación JA Pérez

japerez.org

TISBITA
HOUSE